PLVS PENSER QVE DIRE.

ARREST
DE LA COVR
DES MONNOYES.

Portant le prix pour lequel les Especes d'argent doiuent estre exposées, & auoir cours, tant à la piece qu'au Marc.

5 Decembre 1641.

No 195

A PARIS,
Chez SEBASTIEN CRAMOISY, Imprimeur ordinaire du Roy, & de la Cour des Monnoyes, ruë sainct Iacques.

M. DC. XLII.

Auec Priuilege de sa Maiesté.

ARREST DE LA COVR DES MONNOYES.

Portant le prix pour lequel les Eſpeces d'argent doiuent eſtre expoſées, & auoir cours, tant à la piece qu'au Marc.

5 Decembre 1641.

3

A PARIS,
Chez SEBASTIEN CRAMOISY, Imprimeur ordinaire du Roy, & de la Cour des Monnoyes, ruë ſainct Iacques.

M. DC. XLII.

Auec Priuilege de ſa Maieſté.

EXTRAICT DES Registres de la Cour des Monnoyes.

SVR ce qui a esté remõstré par le Procureur general du Roy, que pour faciliter l'execution de l'Edict de sa Maiesté du mois de Septembre dernier, & Arrest de verification d'iceluy du 18. Nouembre suiuant, il seroit expediēt pour la commodité du peuple d'exprimer par vn Arrest, le prix pour lequel les Especes d'argent doiuent estre exposées & auoir cours, tant à la piece qu'au Marc, à ce qu'il n'y puisse auoir aucun pretexte de contestation: Requerãt y estre pourueu, LA COVR suiuant le requisitoire du Procureur general du Roy, a declaré & declare conformément audit Edict & Arrest de verification : que du iour & datte dudit Arrest, les Quarts d'escu du poids porté par les Ordonnances, qui est de sept deniers douze grains trebuchans, ont cours pour vingt-vn ſols: ceux qui ne ſerõt diminuez dudit poids que de ſix grains ou moins, pour vingt ſols: & ceux qui ſeront plus diminuez, pour leur poids seulement, à raiſon de 25. liures quatre ſols le Marc.

Les Teſtons de France, Nauarre, & de Dombes, du poids de ſept deniers dix grains trebuchans, pour vingt ſols ſix deniers: ceux qui ne ſeront diminuez dudit poids que de ſix grains ou moins, pour dix-neuf ſols ſix deniers: & ceux qui ſeront plus diminuez, pour leur poids, à raiſon de vingt-quatre liures seize sols le Marc.

Les Francs qui se trouueront du poids de onze deniers vn grain trebuchant, pour vingt-huict sols : ceux qui ne seront diminuez dudit poids que de six grains ou moins pour vingt-sept sols : & ceux qui sont plus diminuez, pour leur poids, à raison de vingt deux liures dix-huict sols le Marc; suiuant le Cahier & Tarif attachez sous le contre-seel dudit Edict du mois de Septembre dernier.

Les demy-Quarts d'escu

du poids de trois deniers dix-huict grains, pour dix ſols ſix deniers : ceux qui ne ſont diminuez dudit poids que de trois grains, pour dix ſols : & les autres pour leur poids, comme les Quarts d'eſcu ſuſdits.

Les demy-Teſtons du poids de trois deniers dix-ſept grains, pour dix ſols trois deniers : ceux qui ne serōt diminuez dudit poids que de trois grains, pour neuf ſols neuf deniers : & les autres pour leur poids, comme les Teſtons.

Les demy-Francs du poids de cinq deniers douze grains & demy trebuchans, pour quatorze ſols: ceux qui ne ſeront diminuez que de trois grains, pour treize ſols ſix deniers: & les autres pour leur poids comme les Francs.

Les quarts de Francs du poids de deux deniers dix-huict grains trebuchans, pour 7. ſols: ceux qui ne ſeront diminuez dudit poids que de deux grains, pour ſix ſols neuf deniers, & les autres pour leur iuſte poids comme les Francs ſuſdits.

Et pour le regard des Reales d'Eſpagne, & autres Eſpeces eſtrangeres, elles

elles auront cours pour le mesme prix qu'elles ont eu iusques à present, qui est de cinquante-huict sols pour lesdites Reales, & ainsi des autres: pourueu que lesdites Reales & autres Especes soient entierement du poids porté par les Ordonnances, sans aucun remede de grains. Defendant ladite Cour à toutes personnes de les exposer ny receuoir pour ledit prix, si elles ne sont dudit poids trebuchant; & seront seulement exposées & receuës, à raison de leur poids: ainsi qu'il est porté par le Tarif, attaché sous le contre-seel dudit Edict.

Sçauoir les Reales d'Espagne, Ducatons d'Auignon, de Flandres, & Chelins d'Angleterre, à raison de vingt-cinq liures quatre sols le Marc.

Les Philippes-dales de Flandre, Patagons, Dalles, Testons d'Orange, à raison de vingt-deux liures dix-huict sols le Marc.

Les Ducatons de Milan, Florence, Sauoye, Venise, Parme, à raison de vingt-cinq liures quatorze sols six deniers.

Les Pieces des Prouinces vnies, de Frize dites Gros-bonnet, de Zelande à l'Aigle, de Liege non contrefaites, de Mets, Dole, Bezançon, & de cinq ſols d'Auignon, Dalles au Lion & Teſtons de Loraine de diuerſes fabrications, à raiſon de vingt liures quatre ſols le Marc, & les diminutions à proportion.

Le tout ſur les peines portées par ledit Edict & Arreſt ſuſdit. Et ordonne ladite Cour, que le preſent Arreſt ſera publié à ſon de Trompe & cry public, & affiché aux Carrefours &

lieux accouſtumez de cette Ville de Paris & Fauxbourgs d'icelle ; & copies d'iceluy enuoyées par les Prouinces. FAIT en la Cour des Monnoyes, le cinquiéme iour de Decembre, mil ſix cens quarante-vn.

Signé, DELAISTRE.

L'an mil six cens quarante-vn, le Samedy septiesme Decembre, l'Arrest cy dessus a esté leu & publié à son de Trompe & cry public, aux Carrefours & autres lieux, tant ordinaires qu'extraordinaires de cette Ville & Faux-bourgs de Paris, en la presence de nous Iean Gerin premier Huissier en ladite Cour des Monnoyes, Iacques Blondel, Michel Rebours, Huissiers en icelle soussignez, par Iean Iossier Iuré Crieur en ladite Ville, Preuosté & Vicomté de Paris, accompagné de trois Trompettes, Commis de Pierre Gilbert, Gentian le Chable, & Noiret, Iurez Trompettes du Roy esdits lieux. Comme aussi a esté ledit Arrest affiché par nous en tous les lieux ac-

coustumez de ladite Ville & Faux-bourgs de Paris, à ce qu'aucun n'en pretende cause d'ignorance. Signé, Gerin, Blondel & Rebours.

Collationné aux originaux par moy Conseiller Secretaire du Roy, Maison & Couronne de France & de ses Finances, Greffier en chef de la Cour des Monnoyes soubsigné.

Extraict du Priuilege du Roy.

PAR Grace & Priuilege du Roy, il eſt permis à SEBASTIEN CRAMOISY, Imprimeur ordinaire du Roy en ſa Cour des Monnoyes, d'imprimer tous les Edits, Ordonnances, Reglemẽs, Arreſts & toutes autres choſes cõcernant le fait des Mõnoyes; faiſãt defenſes à toutes perſonnes de quelque eſtat, qualité & condition qu'elles ſoient, d'imprimer ou faire imprimer aucunes choſes concernant le fait des Monnoyes, à peine de confiſcation de tout ce qui ſe trouuera auoir eſté imprimé, de tous dépens, dommages & intereſts, & d'amende arbitraire, comme il eſt porté par ledit Priuilege. Donné à Lyon le 25. iour de Iuillet, 1629. Signé, Par le Roy en ſon Conſeil, POITEVIN. & ſeellé du grand ſeel ſur ſimple queuë en cire iaune.

www.ingramcontent.com/pod-product-compliance
Lightning Source LLC
LaVergne TN
LVHW052039160826
845678LV00003B/1425